HETKI ELÄMÄÄ

Ted Backwoods

Kustantaja: BoD – Books on Demand, Helsinki, Suomi
Valmistaja: BoD – Books on Demand, Norderstedt, Saksa
ISBN: 978-952-286-834-3

Mistä kaikki alkoi?

Yhdessä hetkessä olin luovassa tilassa. Kaksi minuuttia ja näin elämäni sanoina edessäni, silloin syntyi hetki elämää, yhdessä hetkessä. Pari iltaa myöhemmin sävelsin siihen melankolisen säestyksen tekstiä mukaillen ja tuntui kuin kaikkien melankolisten biisien äiti olisi syntynyt ☺

Aika kului ja ostin tyhjän kirjan. Sivu sivulta runoja syntyi, aina kutakin hetkeä kuvaillen. Espanjassa istuin meren rannalla baarissa kaljaa särpien pieni musta kirja edessäni ja katselin horisonttiin. Sitä hetkeä kuvasi "Etelän värit" -runon loppu…

"Köyhän miehen kabaree" kuvaa yt-aikakauden taloudellista kahtiajakautuneisuutta, tuntui kuin kansa olisi kahdessa leirissä.

"Jappasu" -runoon olen ladannut joitakin ajatuksia mitä matkan varrella on kokenut itseään lähellä olevan. Eli yrittäjyyden arvostamisen ja ulkomaankaupan tärkeyden.

Mukavia lukuhetkiä,

Ted Backwoods

3

Lähikauppa

Vuodenajat

Perjantai-ilta

Rakkaus

Yksinäisyys

BIISIT + SOINNUT KITARALLE

Rakkaus

Toimeentulo

ETELÄN VÄRIT

Matkaan lähdin
malja elämälle
ja avoauton vuokrasin
vuoristossa ajelin
reyberit ajoi virkaa raybanin
hetken olin tähti elämän

Kunnes rantabulevardilta itseni yllätin
aika oli ohi ajanut 20 vuotta vain
kun avoautolla kruisailin
seassa kuningattarien
Ave Mariaa huutelin

Niin paljon ois otettavaa
mutta katsoa vain saa
värit elämän mulle aukesi näin
sävyt sen rauhan toi
kontrasti järjen vei

Illan päätteeksi
rannalla palmun varjossa
ulapalle katsoen oluesta nauttien
tunsin itseni vapaaksi
kaikki kahleet murtuen
tahdoin lentää lailla joutsenen...

RAHAN VOIMA

Merta edemmäs kalaan lähdin
vaikka jazz-baari mua kotiovella odotti

EU meille velkakriisin toi
siispä minäkin kaljani velaksi join
viinitukussa tervetuliaisjuomaa nauttien
viiniä laatikkoon pakaten
nousuhumalasta nauttien
mä rosoista elämää hain

Polulta syrjään menin
mua vastaan tuli hoitamattomat tiet
aina betoniporsain suljetuin
metallia haki ihmiset roskista vain
maiseminaan rungot nousukauden talojen

Tämän syvemmälle halunnut mennä en
itsesuojeluvaisto sanoi sen
pelon tunne perseessäin
partiopojan askelin
mä polulle palasin

Marbellan läpi ajoin
rahan tuoksu nenässäin
kokoomuksen jäsenkirja taskussain
mä seteli selkärankaisuuden kokea sain

LUTERILAISUUS

Mä keskikesän juhlaa vastaan otin
parvekkeella Los Lobosin
kuohuviinilasi seuranain
tunsin luterilaisuuden murenevan näin

Matkalaukusta löytyi värit elämän
housut punaiset ja keltaiset
toi lämmön pysyvän
mä harmaan sävyt hautasin
tilalle tuli värit rakkauden

Liian lyhyt matka on
elää ilman nautinnon
mielen jarrut vähitellen murtuen
mieleni tyydytin vailla kahleiden
parissa vapaan seksin orgasmin
mä uuden polun löysin itsellein
osan itsestäni sinne hautasin
ja uusille kerroksille itseni aukaisin

Ihmisessä yhdeksän ovea on, tiedä en montako aukaisin…

TAKAISIN PALUU

Mä lähtöä tein
juurella vuoren tämän
tiedä en enää
missä maisema sieluni on
kosken kuohut aamun usvassa
ennen mielenrauhan toi

Nyt maisema on vaihtunut vuoreen tähän
sen rinnalla mieleni rauhoittui vähän

Kun ymmärsin jääkauden tämän
mielessäin jäämassat muovasi rinteet nämä
ja auringon voimasta suli jäämassat tähän
nyt istun vuoren rinteellä juoma kädessäin
on jäämassat vaihtunu jääpaloihin sangrian

Lyhyt on ihmisen historia
rinnalla vuoren tämän
vain hetken olemme läsnä täällä
sen hetken kun osaisimme
olla ihmisiä toisillemme
ja käyttää sen oikein joka säällä

PYÖRÄILLEN

Mä pyörällä kaupunkiin ajoin
Codorniu-pullo seuranain
ohi virtasi hetkiä elämän
kun torilla istuin elämästä nauttien

Muista aina
onni piilee hetkissä noissa
jotka elänyt olet
jos et tartu hetkiin noihin
olen vain kulkuri poloinen
mutta elämällä hetket nää
sun läpi virtaa elämä tää

MÖKKI

Sä mulle hitaan ajan opetit
luovuuden ja tekemisen meiningin
mulle matkalle evääksi annoit
sä itsestäsi sielunmaisemani teit
ja sen lämmöstä mulle muistot jäi

Saunottiin, uitiin ja makkarat takassa paistettiin
ja kaasuhellalla lihapullat paistettiin

Niin rikki mennä ei voi
että hetket mökin mua nosta ei
sä perustan muurasit peruskallion graniittiin asti
ja nokkosletuilla elämän lämmön osoitit

Se oli aikaa ennen kvartaalitalouden
siellä lyhin aikayksikkö viikko oli
nyt Scrum Master -kurssilla
suoritustasi sekunneissa mitataan
evp. USA armeijan päällystön toimesta
että täytätkö kvalitatiivisia ominaisuuksia
ennen kun jaksoi ämpärin kaivon pohjalta nostaa
ja vedet joesta saunaan kantaa
niin täytti kaikki
kvalitatiiviset ja kvantitatiiviset vaatimukset
ja aikaa ei tunnettu
oli vain sanat:

- Ei vielä, kannan veet iltasella
- No niin veet kannettu

RAKKAUDEN OSOITUS

Lapissa vaeltelin
monet kivirakat kohtasin
kunnes poron juurella sinut tavoitin

Sinusta pätkän mukaan otin
olit ottanut vastaan
monet tuiskut nietokset
syyt sinun kertoi sen
reppuun laitoin ja mukanani kannoin

Niin loppui vaellus tämä
ja kotona odotti
höylää, viilaa ja sahaa nämä
sut pariin kertaan lakkasin
pinnan sait veneen kauneimman

Nyt joutui pohjoisen poika
kehä kolmosen sisäpuolelle lentämään
maata siellä kyntämään

Elämästä nauttien
sikarista takapihalla nauttien
mä onnen kohtasin
mä sulle visakoivun lahjaksi ojensin
sä karkkiyllätyksen mulle tarjosit

Minulle muistot jäi
talviaamuina autoa krapatessa
ne minut lämmittää
tiedä en
vieläkö visakoivu sinut kohdata saa

Vain sinä tiedät tarinan jatkon tään
onko paraatipaikalla
yöpöydän päällä
vai poltettu pesässä hyvällä säällä

JAPPASU

Ihmisellä monia haaveita olla voi
jappasu ne kaikki tuhoaa
ei kukaan jappasulta säästy ei

Nuori voi haaveilla eduskunnasta
rinnassa kumpuaa aito heikomman auttamisen halu
nuori räntäsateessa vaalivankkureita vetää
lippuja ja lappusia jakaa saa
kunnes h-hetki lähestyy
ja läpimeno varmistuu

Skumppa auki poksahtaa
kaikki ovet aukeaa
kun eduskunnan portaita ylös koluaa
Alkossa ei enää nöyryytetä ei
alahyllylle taivu ei enää
yläluokkaan kutsu on tullut näin

Untuvikko haaveilee
EU:lta tutkimusrahaa lisää haetaan
ja uusia hankkeita alulle laitetaan
huippututkimukselle lisää rahaa kaivetaan
ja Nobelista haaveillaan

Kunnes jappasu kaiken tuhoaa
ei paitoja naapurin Eskolle myymällä maata pelasteta
vain ulkomaille myydyt eurot oikeita euroja on
tätä miettiessä ruukie kohtaa
jappasun
onko minkin olot hyvät?
Kreikan tiellä ollaan jos
nekin vähäiset ulkomaan eurot tuhota halutaan

Voi kun päättäjät osaisi priorisoida
ja lopettaa jappasut nämä
kansa työttömänä punkassa makaa
asuntopakkohuutokaupassa toisiaan tapaa
ja pelastusarmeijalta ruuan hakee
ja päättäjät nämä
miettii onko minkillä tyynylle tilaa
tai
joku herättäjäjuhlilla suu vaahdossa
raamatusta vaahtoaa

YT

Mä en suostu jee jee mies olemaan
ei taivu kieli persettä nuolemaan
näin eturintamassa lapun sain
työvelvoite loppui näin

Taas kutsui kurssit työkkärin
EU-rahoilla henkeä meihin puhallettiin
näillä työttömyysluvuilla ei usko itse erkkikään
työpaikan ovi aukeais

Sossun luukulta tulojen ja menojen
gappiä kuroon kammetaan
lisänä ateriakorvaus kurssilta tältä
musta jee jee mies tuli näin
power point kalvoja katselin
hymy perseessä asti nyökkäilin
kuinka CV:hen jee jee osaaminen lisättiin

Siinä mieleni kirkastui
itseni kansalaisopiston sivuilta yllätin
norjan kielikurssista haaveilin
ei tiennyt poika pohjolan
että enää ei krapula norja riitä ei

Moneksi on taivuttava polulla tällä
siis kielikurssin aloitin
ja kossun tämän aukaisin

VIIKATEMIES

Kaikkia se odottaa
matkalla pitkällä vaiherikkaalla
ei ihminen viikatemiestä vastustaa voi
satoa se niittää
vesisateella tai kuivalla säällä
olitpa nuori tai vanha täällä

Aina kohdatessa kaverin tämän
väkevämmin elät hetkissä näissä
ei vesi ole enää elämäsi jano
nyt tunnet viinin tuoksun ja maun
ja elämän janosta humallut
jos vielä rakkaus rinnassa korhentaa
elämän palo sinussa roihuaa
silloin hyvästit saat sanoa
viikatemiehelle tälle
ja avata sydämesi elämälle

KULUTUSHELVETTI

Perse ruvella kylillä kaahailin
Super Marketista Mega Storeen
ja osani kulutushelvetistä
itselleni järjestin

Kaikkeni teen
ja kertakäyttökulutuksen
mannekiinin viittaa kannan

Siinä ilmastomuutos toiseksi jää
kun me pojat maailmalla
piikki auki kuljetaan

Talvivaara paskaa työntää
ja kesämökit sekajätteeksi muuntaa
saunan löylyvesi maalikylistä
tai
kustava kiukaalle on

Kaiken tämän kun ymmärtää
niin etelän junan aikataulua selailee
mitä hallitus meille jättää
ryysyrannan Joosepin
jota kustu on silmää niin paljon
että ureasta oppinut pitämään on

SIELULLA LEIJONAN

Mä leijona oon
mä maaleilla leikin – jäähyile en
lailla lauman johtajan
mä kiekon haltuun kahlitsen
nyt maalia janoan
rohkeudella leijonan
vaanin maalille lailla gepardin
maalin merkkaan
lailla saalin leijonan

Aika tihentyy
laukaus lähentyy
luonteella voittajan
sielulla voittajan
mä punalampun sytytän
taas maalia juhlitaan
lailla lauman johtajan

Nyt voittajana ratsastan
ja tahdon elää lailla leijonan

VESSAPAPERI

Auringonpilkut vai ilmastonmuutos
toi meille toukokuun helteet
on siinä Suomi-poika ihmeissään kun lähikauppaan kapuaa

Vissyvesi ja vessapaperi lopussa
paskalla istuu koko kansa vissyä juoden
vatsa kuralla Pohjois-Karjalan rasvaprojektia noudattaen
mikä on mehtäläisen istuessa
kun riuku on posliiniksi muuttunu

Kun kauhalla annettu
niin ei voi saavilla ymmärtää
kansaa tätä

Vissyn vielä ymmärrrän
mutta mistä kumpuaa paskalla istumisen autuus
kyllähän meillä Leevit sun muut viinan kiroja hoilottaa
mutta paskalle istumiseen ei uskalla kajota itse erkkikään

Kaiken tämän kun ymmärsin
ja kassaa vessapaperihyllyltä lähestyin
niin ajattelin että eipä tiedä kaupan kassa

mistä kumpuaa vihellys tämä...

KEVÄT

Ihana tunne,
koin sen taas koko voimakkuudessaan
se rauhoitti minut,
avasi silmäni
ja sai minut tuntemaan elämän janon

Tätä tunnetta en halua hukata enää koskaan...
Joka päivä teen töitä kahlitakseni sen syvälle rintaani
Vain elämä voi ottaa sen pois jättäen kaipuun...

VESISADE

Katu täyttyy paskaveestä
istut reessä
sormet jäässä
toppapuku kaiken imee
muutenkin oot ihan kipee
housut ihoon sulaa
rockstaran alkukin on kuraa

"Hei juu elämän uraa
Sukat vois kerätä multaa kuraa!"
"Hei juu elämän uraa
Sukat vois kerätä multaa kuraa!"

Mä staran urasta silti haaveilin
urku auki vain kaahailin
kukasta kukkaan
mättäästä mättääseen
mettä keräsin
kun timanttiporalla porailin
kunnes päärynätytön kohtasin

"Hei juu elämän uraa
Sukat vois kerätä multaa kuraa!"
"Hei juu elämän uraa
Sukat vois kerätä multaa kuraa!"

Hymyssä tässä
silmätkin loistaa
auringonkin se tieltänsä poistaa
ja aamun munat
hymyssänsä paistaa
rohkeutta mä keräsin
ja unestani heräsin
kaikki muurit murtuen
suojakuoret parkuen
sanani ilmoille täräytin

ELÄMÄN YDIN

Perjantai-illan huumaa vietin
suihku, partavesi ja kauluspaita
ja rintaani takoin lailla apinan
taas baanalle mentiin
kaistalla leveällä nousukiidon vauhdilla
mä ulvoin lailla lauman johtajan

Baarin oveen tarrasin
Elämän voimalla partiopojan askelin
sua kohti kävelin voimalla pantterin
viimeinen porras kengän kannan vei
rinta leuassa – lainakengissä
yhä uudelleen ylös portaita kapusin
siellä sinut kohtasin
sun liiveihin uida halusin
tuntea sut ihollain, lähelläin

Sua olkapäähän kopautin
sua tanssiin pyysin näin
otin sut ihollein
tanssin tunteen kokea sain
pää märkänä tunteen vallassa
mä elämän ytimen kokea sain
istutit rakkautta, et vihaa

RAKKAUDEN LÄHETTILÄS

Toiset puhuu, toiset tanssii
toiset suutelee, toiset rakastelee
mutta vain sinä
kosketat sisimpääni

Osa esittää, osa näyttelee
osa vain ei aito osaa olla
osa opettelee mitä rehellisyys tarkoittaa
mutta vain sinun kanssasi
kohtasi ihminen ihmisen

Rakastelun jälkeen,
hetken levänneenä,
pompit lailla keijukaisen
sinä hetkenä,
olin tunteen vallassa,
värähtelin rakkauden voimasta,
olit kaikkeni

Koska olit aukaissut minut kuin viime sadon sipulin
sieltä inhimillisyyden viitta esiin paistoi
et laskenut minua lisäarvona
vaan kuuntelit minua ja minun outoja tapoja
nauroit, itkit, otit iholle, rakastit minua
olin tavannut rakkauden lähettilään
tehtävänäsi oli kultahippujen jakaminen
yksi hipuistasi avasi silmäni elämälle
elämän virta alkoi juosta lävitseni

PELOISTA SUURIN

Kun Amorin nuoli sydämen kohtaa
se rakkauteen siellä johtaa
se sellaisen rakkauden kammion siellä kohtaa
kaiken se antaa – kaiken se kestää
eroon siitä et pääse
sen pauloissa olet vaikka halua et
itsekontrollin se sulta vie
järkeä se ei usko ei
ja tunteet nämä hallinnoi

Tule viereeni – tahdon rakastaa
tunteen tämän kahlita mä tahtoisin
sen syvälle rintaani istuttaisin
rinnassa voimalla rakkauden
tunteen tämän kesytän
valjastaisin sen – syliini sen hukuttaisin – uniin sen nukuttaisin

Naurusi voima sen esiin nostaa
sitä hallita – mä en voi
sen voimaa – kahlita en voi
pelottaa voima sen – mihin se johtaa
se uniini ilmestyi – olin levoton – voimasta sen vavahtelin
nauramasta itseni yllätin – kun hymyysi heräsin
siinä sinä vierelläin – mä elämän ilon kokea sain
rakasta minua – elä vihaa

Nyt vasta elämän pelon kohtasin
sen määrää mitata en voi
jos voima rakkauden ei kanna enää
kuinka löydän onnen entisen
kun yksin olin - en ollut yksinäinen enkä onneton

Kaiken tämän kun ymmärsin
mä tulella leikin – tunteilla en
kaiken se antaa – kaiken se kestää
mutta kestänkö minä voimaa sen
mun pitää vain elää lailla leijonan
voimalla voittajan – luoteella lauman johtajan

MATKA TOISEEN GALAKSIIN

Elä kanssani hetket nää
yhdessä kokien muistot jää
sielun sillan ne rakentaa

Kanssasi tahdon polun aloittaa
mulla repussa elämän eväät on
sua polulla odotan matkaan tähän
vain alun muistot voi kantaa sua vähän

Haparoivin käsin sua lähestyin
ensisuudelman jännitys rinnassain
sua tuulikaapissa lähestyin
sielusi puhtautta raotit hetken vain
minä koukkuun jäin mielelläin

Muista aina liikenteessä
sua tukehuttaa halua en
vapaana kuin moottoritiellä
pitää sun saada ohitella kaistalla elämän
jos pidät musta sillai ihan pikkuisen
me tavata voidaan merkeissä nuoruuden
muuten mikään ei ole enää ennallaan
on tavat ja reet mukana vedettävänään
aikaa ei ole ja ostaa sitä en voi
nyt odotan iltaa tätä
taas kuulen ääntäsi vähän...

Sut eilen langoilta tavoitin
ystävyyttä sanoitin
sillai vain vähän pikkuisen
mä sulta ystävyyttä kaivaten
polku tää mun pitää löytää
en tiedä vielä en
mistä tämän tytön polku alkaa
perinteinen polku ei aukea
mun uus on raivattava lailla metsurin
raivaussahan toki omistan
ja puut metsän toki tavoitan...

HETKI ELÄMÄÄ

Mä sumussa elin
kukaan mua auttanut ei
ei yhtään ystävää rinnalla kulkenut ei
mä hiljaisen hätähuudon tein

Sä tulit aukaisit sydämein
sä hetken kuljit mun rinnallain
mä auringon paisteen kokea sain
tunne heräsi rinnassain
sä kesytit mut ja mä sut

Sä lähdit mä jäin
sun perään huutele en
vaikka sua jumaloin
vain aika on mun puolellain
armoa mä pyydä en
vain voimia kulkea polkuain
koskaan en ole entisein
vain elämä on mun mukanain…

YKSIN MUTTA EI YKSINÄINEN

Mä unta näin
olin yksin ajatuksissain
olin yksin, mutta en yksinäinen
olit seuranain unessa vain

Mä valveille tulin
Yksinäisyyden vire sisälläin
Huomasin että en tarvitse muuta kuin
elämän rakkauden

Mä keski-ikään tulin
sinä olit vain muistossain
sinut unessa kohtasin
herätessäni sua kaipasin

Mä vanhaksi tulin
enää en muista ketä rakastin
vain ensi rakkauden huumaa kaipasin

HETKI ELÄMÄÄ *4/4*

```
C          Em
Mä sumussa   elin
C          Am       Em
kukaan mua auttanut  ei
   C    Am    Em    Am      Em
Ei  yhtään ystävää rinnalla kulkenut ei
C          Am          Em
mä hiljaisen  hätähuudon tein
```


```
Dm    Em   G    Em
sä tulit avasit sydämmein
C       Em  G           Em
sä hetken kuljit mun rinnallain
Dm         Em        G     Em
mä auringon paisteen  kokea sain
C    Em   G    Em
tunne heräsi rinnassain
Dm        Em    G   Em
sä kesytit mut ja mä sut
```

```
C  Em  G   Em
sä lähdit mä jäin
Dm Em  G      Em
sun perään huutele en
C   Em G  Em
vaikka sua jumaloin
C   Am Em Am Em  Am
vain aika on mun puolellain
C       Am  Em
armoa mä pyydä en
C  Am   Em   Am Em
vain voimia kulkea polkuain
C     Am   Em Am
koskaan en ole entisein
C   Am  Em    Am Em
vain elämä  on mun mukanain
```

HETKI ELÄMÄÄ *4/4*

```
     C          Em
1.| Mä sumussa | elin      |
   C          Am      Em
| kukaan mua | auttanut | ei |
   C      Am     Em      Am     Em
Ei | yhtään ystävää | rinnalla kulkenut| ei |
   C          Am      Em
| mä hiljaisen | hätähuudon tein |


             D      Em    G     Em
Kerto:      | sä tulit | avasit sydäm- | mein |
             C     Em    G     Em
            | sä hetken kuljit | mun rinnallain |
              Dm      Em      G    Em
            | mä auringon paisteen | kokea sain |
              C    Em    G    Em
            | tunne heräsi | rinnassain |


     C   Am    Em
2.| Tule | kiinni | minuun |
   C     Am   Em
|silmäsi | sanoi vain |
   C     Am    Em  Am   Em
|Istuta | rakkautta  | elä vihaa |
   C          Am      Em
| mä  | ensi suudel- | man tein |
```

```
              D      Em   G      Em
Kerto:    | sä tulit | avasit sydäm- | mein|
              C      Em   G      Em
          | sä hetken kuljit | mun rinnallain |
              Dm     Em     G Em
          | sä kesytit mut | ja mä sut |
              C    Em G   Em
          | sä lähdit | mä jäin |


    C   Am  Em Am  Em    Am
3.| vain aika | on mun | puolellain |
    C    Am  Em
| armoa mä | pyydä en |
    C   Am    Em   Am   Em
| vain voimia | kulkea pol- | kuain          |
    C     Am  Em   Em
| koskaan en | ole entisein |
    C     Am    Em   Am    Em
| vain elämä | on mun muka- | nain          |


              D      Em  G     Em
Kerto:    | sä tulin | avasit sydäm- | mein |
              C      Em   G     Em
          | sä hetken kuljit | mun rinnallain |
              Dm     Em  G      Em
          | sun perään | huutele en|
              C     Em  G   Em
          | vaikka sua | jumaloin|
```

RAKKAUDEN VOIMALLA

```
 C                      E
1.Sua rantakivillä muistelin
 C                      E
aamun kosteutta vastaan taistelin
Dm    Em   G   Em     E
kosken kuohut sinut mieleeni toi
Dm     Em  G      Em
suvanto sinut mielestä vei
```

```
        G       E
Kerto: Voimalla elämän
        G       E
        Voimalla rakkauden
```

```
   C               E
2.Sua katsoin aina vain
 C         E
silmäsi sanoi vain
Dm   Em      G  Em
istuta rakkautta, elä vihaa
```

```
        G       E
Kerto: Voimalla elämän
        G       E
        Voimalla rakkauden
```

```
    C              E
3.Ne aamuyön tunnit kun takaisin saisin
    C              E
sinut vierellä pitäisin ja hyvänä oisin
Dm          Em
sinä hetkenä minä paloin
G          Em
paloin liekillä rakkauden


        G      E
Kerto: Voimalla elämän
        G      E
       Voimalla rakkauden


    C              E
4. Taas rantakiviltä itseni yllätin
    C       E
vain muisto repussain
Dm  Em    G     Em    E
se lämmitti – hymyyn posket vei
Dm       Em  G      Em
ja elämän janon huulille toi


        G      E
Kerto: Voimalla elämän
        G      E
       Voimalla rakkauden
```

KÖYHÄN MIEHEN KABAREE

1.Taas on se aika kuukauden
kun tilipäivä lähestyy kahvilla istuen
varallisuuden tunne voimaantui
rinta rottingilla pöydässä istuttiin

Kerto: Hei juu, elämänuraa
            sukat vois kääriä multaa kuraa

2. Pomolta mä projektin sain
kesämökkiä rantasaunoineen speksattiin
aina uppopumppu kaivoineen
kuten rantasauna suihkuineen

Kerto: Hei juu, elämänuraa
            sukat vois kääriä multaa kuraa

3. Kvartaalitalous multa työt vei
alleen suli kuin kevään lumi
parkkihallin poletti kourassain
arki kutsui vuokrarästeineen

Kerto: Hei juu, elämänuraa
            sukat vois kääriä multaa kuraa

4. Mä firman pystyyn panin
starttirahalla duunia tein
ei päätä pakottanut ei
kunnes pelastusarmeijalta jouluruuat hain

Kerto: Hei juu, elämänuraa
           sukat vois kääriä multaa kuraa

5. Nyt kaupan oveen aamulla tarraudun
eläkeläisten kanssa punalappu ruokaa hamuan
leipäjonossa tuttuja tapailen
kreikkalaisten brunssista haaveilin, mutta
EU ruoka apukassit toi

Kerto: Hei juu, elämänuraa
           sukat vois kääriä multaa kuraa

6. Kas kummastui työvoimaneuvojain
mistä kumpuaa miehen vihellys
pennejä laskien mieli kirkastui
kyllä, kerran kauan sitten sain

Kerto: Hei juu, elämänuraa
           sukat vois kääriä multaa kuraa

Miten kaikki jatkuu?

Näin syntyi runokirja ja pari biisiä. Mökin törmällä kuulaassa syyspäivässä tyyntä jokea lumoutuneena katsoen, ajattelin, voi kun joku päivä osaisi säveltää tämän hetken tunnelman. Siispä ostin musiikin teoriakirjan ja aloitin itseopiskelemaan musiikin murtolukuja. Kasvatus-tieteilijät sanovat, että jokaiseen ihmisen ikäkauteen liittyy potentiaalisia kasvun paikkoja. Tämä kirja oli yksi kasvun paikka ja jo mutkan takana odottaa seuraava astetta kovempi haaste, Kiiminkijoen luonteen kiinni ottaminen murtoluvuilla ☺ Siinäpä seuraava haaste, sitä kohti matkani käy joen varteen, elämä vuodenaikoja mukaillen, on aika maalikylissä takanain, vain aika luonnon on enää mukanain…

Kaikkea hyvää itse kullekin,

Ted Backwoods